INVENTORES

y descubrimientos

Jeanne Sturm

rourkeeducationalmedia.com

www.rourkeeducationalmedia.com

PHOTO CREDITS: Cover: © Cenk Unver, Cammeraydave, Daniel Wiedemann, Eddie Toro, Christian Draghici, aleksandar valasevic; Title Page: © Rolffimages; Page 2: © itox; Page 5: © Ivankmit, William Michael Norton; Page 6: © Paprico, joaquin croxatto; Page 7: © Constance McGuire, sparkia; Page 8: © Baris Simsek, Jasony00, Luri, Uros Petrovic; Page 9: © Tt, Wouter van Caspel, Vclements; Page 10: © joaquin croxatto, Milosluz; Page 11: © Plastique1; Page 12: © Ferguswang, Iliyan Kirkov, jgroup; Page 13: © Vangelis, Wikipedia, subjug, Enrique Gomez, 350jb; Page 14: © Nataliia Fedori, by_nicholas, Wikipedia; Page 15: © by_nicholas, Nataliia Fedori, Wikipedia, Greg Nicholas, Library of Congress, Brian Sullivan; Page 16: © NASA, Mike Young, Leon Van Speybroeck, Greg Nicholas; Page 17: © J. Van Meurs, HadelProductions, NASA; Page 18: © NASA, Wikipedia, subjug; Page 19: © NASA, Wikipedia, subjug, Don Nichols; Page 20: © NASA, Wikipedia, subjug, Andrew Dunn; Page 21: © NASA, Associated Press; Page 22: © Library of Congress, Konstanttin; Page 23: © R. Gino Santa Maria, Vladislav Zitikis, Siloto, Konstanttin; Page 24: © Wikipedia, Konstanttin; Page 25: © Tr3gi, Konstanttin; Page 26: © Evert F. Baumgardner; Page 27: © subjub, Wikipedia: Moffett Studio, Danil Chepko; Page 28: © Michael Kurtz, Michaol Kowalski, Wikipedia; Page 29: © Danil Chepko; Page 30: © Wikipedia, World Economic Forum; Page 31: © Wikipedia, Wikipedia: Daderot, Wikipedia: DustyDingo; Page 32: © Kjunix, Veni Markovski, Wikipedia; Page 33, 39: © Wikipedia; Page 34: © Wikipedia, subjug, Michael Flippo; Page 35: © Eric Gevaert, Dmitry Ternovoy; Page 36: © Wikipedia: Bukvoed, Wikipedia, adventtr; Page 37: © adventtr; Page 38: © Julia Tsokur; Page 40: © kvkirillov; Page 41: © National Museum of Health and Medicine, Washington, D.C., USPTO; Page 43: © Wikipedia: Beo Beyond; Page 44: © Karimala; Page 45: © Interactive Institute Energy Design

Edited by Precious McKenzie

Cover design and page layout by Teri Intzegian
Editorial/Production services in Spanish
by Cambridge BrickHouse, Inc.
www.cambridgebh.com

Sturm, Jeanne
Inventores y descubrimientos / Jeanne Sturm.
ISBN 978-1-63155-082-9 (hard cover - Spanish)
ISBN 978-1-62717-342-1 (soft cover - Spanish)
ISBN 978-1-62717-536-4 (e-Book - Spanish)
ISBN 978-1-61741-987-4 (soft cover - English)
Library of Congress Control Number: 2014941420

Also Available as:

ROURKE'S
e-Books

Rourke Educational Media
Printed in the United States of America,
North Mankato, Minnesota

Rourke
Educational Media

rourkeeducationalmedia.com

customerservice@rourkeeducationalmedia.com • PO Box 643328 Vero Beach, Florida 32964

Contenido

CAPÍTULO UNO

Descubrimientos e inventos —Los dos que iniciaron todo

Desde el inicio, los deseos de aprender más sobre el mundo llevaron a la humanidad a hacer descubrimientos e inventos. Al trabajar para resolver problemas, entendernos a nosotros mismos y al universo, y hacer más fácil nuestra vida diaria, nos motivamos a investigar, a estudiar y a construir. Los inventos y los descubrimientos no son cosas iguales. Los descubrimientos ocurren cuando las personas aprenden algo nuevo sobre el mundo. Un invento es un instrumento nuevo creado por una persona o grupo de personas.

Muchas veces los inventos nos llevan a descubrimientos. Los satélites son inventos que nos llevaron a descubrir cosas sobre la Tierra y el espacio.

A veces los inventos son el proyecto de toda una vida de una persona. Pero la mayoría de las veces son el resultado del aporte de muchas personas a los conocimientos de otros que vinieron antes. A veces llegan en un momento de lucidez donde decimos "¡Ajá!", pero normalmente los inventos son el resultado del método de ensayo y error. El éxito llega a través del duro trabajo y la determinación.

Fuego —¡Ahora cocinamos!

El fuego siempre ha sido importante para los seres humanos. Lo usamos para calentarnos y para cocinar. Al principio, los seres humanos no podían hacer su propio fuego y notaron que los rayos prendían la hierba y los arbustos secos. Entonces aprendieron a recolectar ramas ardientes y brasas para iniciar sus propias fogatas.

Aprendimos a hacer fuego frotando dos maderos.

Luego las personas usaron la madera para hacer fuego. A un pedazo de madera grande le hacían un hoyo en el centro. Se ponía el pedazo de madera en el suelo y se echaba hierba seca en el hoyo. Entonces ponían la punta de otro palo en la abertura y lo hacían rotar rápidamente con las palmas de las manos. Al rato, la **fricción** entre los maderos elevaba la temperatura de tal forma que se **prendía** la hierba seca.

Método de madero contra madero

El movimiento circular genera fricción.

Poner hierba seca dentro del hoyo. →

Cuando los seres humanos descubrieron cómo hacer fuego, también aprendieron a cocinar con él.

Eventualmente, el invento del arco taladrador hizo más fácil comenzar fuegos por fricción. Usando un arco, una persona podía hacer girar la madera más rápida y sostenidamente. También tenía una mano libre con la que presionar con otro madero para aumentar la fricción con una fuerza hacia abajo.

Otros creaban chispas haciendo chocar **pedernal** contra la **pirita**, se añadía hierba seca y ramitas para alimentar el fuego.

Más tarde, los griegos, chinos y otras civilizaciones antiguas aprendieron a hacer fuego usando lentes curvas. Sostenían las lentes frente a la luz solar y dirigían los rayos hacia la leña. El fuego se encendía rápidamente por los rayos concentrados del Sol.

Método usando lentes

Método del pedernal y la pirita

pedernal   pirita

Método del arco taladrador

[A] Hoyo [D] Arco
[B] Taladro [E] Cuerda
[C] Madero

En 1827, un hombre llamado John Walker inventó las cerillas de fricción: astillas de madera cubiertos de una sustancia química en un extremo. Al frotar la cerilla en una superficie dura esto causaba que la sustancia química se encendiera. Ahora las fosforeras dan fuego con solo pasar el pulgar por sus ruedecillas.

¿Dónde estaríamos sin la rueda y el eje?

Las personas empezaron a usar la rueda cerca de 3500 a. C. Comenzaron a usar troncos de árboles como ruedas. Ponían un objeto grande y aplanado —un trineo— encima de algunos troncos lisos. Luego, colocaban las cosas que querían mover encima del trineo. Funcionaba, pero al avanzar el trineo, eventualmente, resbalaba hacia adelante quedando fuera de los tres troncos. Para mantener el movimiento, las personas debían recoger continuamente el último de los tres troncos y colocarlo delante.

Las ruedas y los ejes hicieron más fácil el movimiento de cosas y hasta la agricultura.

Cuando usaban los mismos troncos por mucho tiempo, el trineo gastaba los troncos haciendo hendiduras. Mientras más grandes eran las hendiduras, mejor funcionaba el invento. Las personas continuaron mejorando el diseño. Primero le añadieron pernos de madera al trineo para mantenerlo fijo en su lugar en la parte estrecha del tronco. Después, convirtieron la parte fina del tronco en un **eje** verdadero, al ponerlo en el trineo y dejarlo rotar libremente por los huecos de las ruedas.

11

molino de viento

grúas

La rueda y el eje hicieron posible desplazar objetos pesados de un lugar a otro y son parte esencial de muchos instrumentos modernos como las bicicletas, los autos, los trenes y las motocicletas. Son necesarios para una lista interminable de dispositivos como grifos, sacapuntas, tiradores de puertas, molinos de viento, entre muchos otros. Los usamos en engranajes y poleas. Sin la rueda y el eje, no hubiéramos podido hacer relojes, motores ni computadoras.

Las ruedas antiguas eran macizas. Cerca de 2000 a. C., los egipcios comenzaron a construir carrozas con ruedas concéntricas. Las ruedas concéntricas grandes hacían posible viajar más rápido por caminos desnivelados.

bicicleta

John Dunlop

patineta

En 1888, John Dunlop inventó las llantas llenas de aire para las bicicletas, y en 1911, Philip Strauss desarrolló una llanta interior llena de aire y ruedas para automóbiles.

CAPÍTULO DOS

Más alto y más rápido —Inventos del transporte

En 1783, Joseph y Jacques Montgolfier inventaron el globo de aire caliente. El primer vuelo, con una oveja, un pato y un gallo a bordo, tuvo lugar en septiembre de 1783. Dos meses después, dos pasajeros humanos disfrutaron de 23 minutos de vuelo sobre París, Francia.

En 1903, Orville y Wilbur Wright hicieron el primer vuelo controlado de un avión propulsado por un motor de gasolina.

En 1913, el constructor de autos Henry Ford perfeccionó el proceso de la cadena de montaje para la **producción masiva.**

El 4 de junio de 1783, los hermanos Montgolfier hicieron una demostración de su invento del globo en Annonay, Francia. El globo voló un poco más de una milla (2 kilómetros) en unos 10 minutos.

14

En una cadena de montaje, un auto se mueve por una cadena. Mientras pasa por cada estación, los trabajadores le añaden una pieza distinta al auto. Esta **innovación** redujo el tiempo que tomaba ensamblar autos de 728 minutos por auto a solo 93 minutos. Después del invento de la cadena de montaje, el Modelo T bajó su precio de $850.00 a $300.00, lo que lo hizo accesible a todos, no solo a los ricos.

El primer vuelo de los hermanos Wright fue en una playa en Kitty Hawk, Carolina del Norte.

La cadena de montaje eficiente de Ford inspiró a otras compañías a seguir su ejemplo.

Aunque los autos Ford han cambiado mucho desde este modelo de 1932, el concepto de la cadena de montaje es prácticamente el mismo.

15

CAPÍTULO TRES

Descubriendo el universo

Hubo un tiempo en que los hombres sabían muy poco sobre nuestro planeta y nuestra galaxia. Mediante los estudios y el invento del telescopio, los científicos aprendieron sobre la existencia de otros planetas. Ellos continuaron estudiando nuestro sistema solar.

Los primeros cuatro

Cronología de descubrimientos

384 A. C.

A

Aristóteles, un filósofo griego nacido en 384 a.C., usa un modelo geocéntrico del sistema solar para explicar los eclipses y las fases de la Luna. En este modelo, la Tierra es el centro del sistema solar, con el Sol, la Luna, los planetas y las estrellas alrededor de ella.

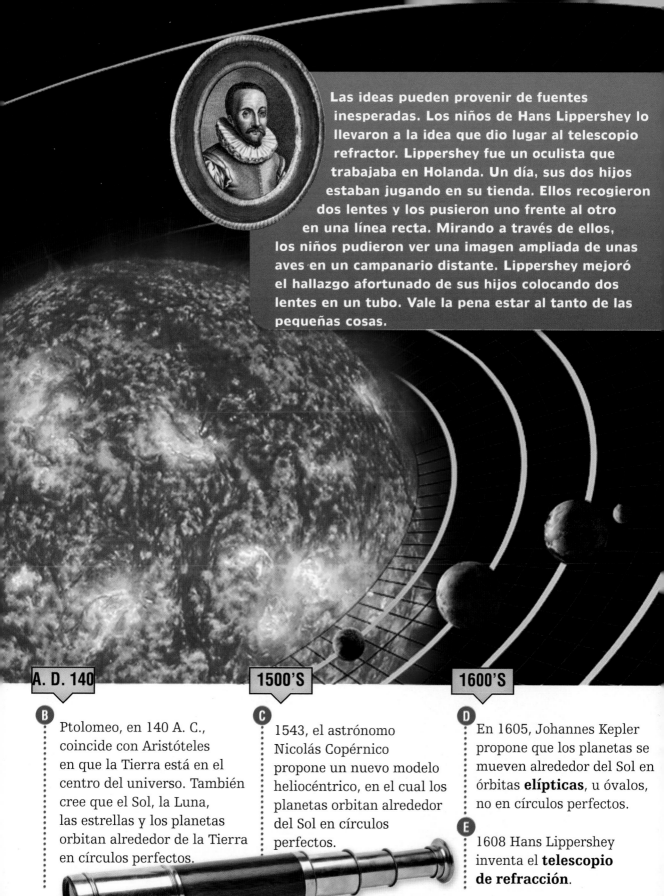

Las ideas pueden provenir de fuentes inesperadas. Los niños de Hans Lippershey lo llevaron a la idea que dio lugar al telescopio refractor. Lippershey fue un oculista que trabajaba en Holanda. Un día, sus dos hijos estaban jugando en su tienda. Ellos recogieron dos lentes y los pusieron uno frente al otro en una línea recta. Mirando a través de ellos, los niños pudieron ver una imagen ampliada de unas aves en un campanario distante. Lippershey mejoró el hallazgo afortunado de sus hijos colocando dos lentes en un tubo. Vale la pena estar al tanto de las pequeñas cosas.

A. D. 140

B

Ptolomeo, en 140 A. C., coincide con Aristóteles en que la Tierra está en el centro del universo. También cree que el Sol, la Luna, las estrellas y los planetas orbitan alrededor de la Tierra en círculos perfectos.

1500'S

C

1543, el astrónomo Nicolás Copérnico propone un nuevo modelo heliocéntrico, en el cual los planetas orbitan alrededor del Sol en círculos perfectos.

1600'S

D

En 1605, Johannes Kepler propone que los planetas se mueven alrededor del Sol en órbitas **elípticas**, u óvalos, no en círculos perfectos.

E

1608 Hans Lippershey inventa el **telescopio de refracción**.

17

Galileo Galilei enseñando al Doge Dona cómo usar el telescopio, Venecia, Italia 1858.

F 1609 Galileo construye una versión más potente del telescopio de refracción. Descubre la cuarta luna de Júpiter, puede describir los cráteres de nuestra Luna y los anillos de Saturno.

G 1668 Newton inventa el telescopio de reflexión.

H Décadas de 1660 y1670 Como profesor de matemáticas en el Colegio Trinitario, Isaac Newton comenzó a estudiar el movimiento de los objetos. Sus descubrimientos lo llevaron a formular sus tres leyes del movimiento.

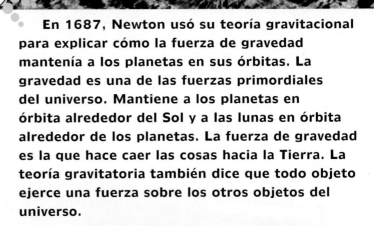

En 1687, Newton usó su teoría gravitacional para explicar cómo la fuerza de gravedad mantenía a los planetas en sus órbitas. La gravedad es una de las fuerzas primordiales del universo. Mantiene a los planetas en órbita alrededor del Sol y a las lunas en órbita alrededor de los planetas. La fuerza de gravedad es la que hace caer las cosas hacia la Tierra. La teoría gravitatoria también dice que todo objeto ejerce una fuerza sobre los otros objetos del universo.

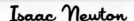

Isaac Newton

Décadas de 1770 y 1780 William Herschel registró más de 800 estrellas dobles y 2,500 nebulosas en la Vía Láctea. Herschell descubrió Urano en 1781 y las lunas sexta y séptima de Saturno 1789. Sus descubrimientos lo llevaron a pensar que la Vía Láctea tenía forma de disco.

William Herschel

Los científicos quieren saber si existe vida en otros planetas o galaxias.

J 1915-1919 Einstein desarrolla su teoría general de la relatividad. Su teoría propone que la masa deforma el espacio y el tiempo. Un experimento durante un eclipse solar demuestra que la gravedad del Sol curva los rayos de luz provenientes de estrellas distantes.

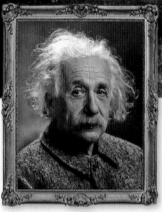

Albert Einstein

K 1929 Después de usar telescopios para explorar galaxias más allá de la Vía Láctea, el astrónomo Edwin Hubble concluye que el universo está en expansión.

L 1977 Voyagers 1 y 2 fueron lanzadas desde el Centro Espacial Kennedy, en Florida para explorar Júpiter, Saturno, Urano y Neptuno; y después iniciar su Misión Interestelar Voyager (VIM) para explorar los límites más remotos del Sistema Solar y más allá.

Edwin Hubble usó este telescopio para medir el corrimiento al rojo y descubrir la expansión general del universo.

Telescopio Hubble

1990 Los Estados Unidos lanzan el Telescopio Espacial Hubble, llamado así por Edwin Hubble. El telescopio orbita a unas 350 millas (600 kilómetros) sobre la Tierra. La energía de este telescopio de reflexión proviene de dos paneles solares que lo ayudan a observar más allá del sistema solar, hacia otras galaxias.

Kathryn Gray

En el año 2011, la niña de diez años Kathryn Gris descubrió una supernova en una galaxia a 240 millones de años luz de distancia. Las supernovas se producen cuando las estrellas mucho más grande que nuestro Sol explotan, desprendiendo una luz brillante. Generalmente duran varias semanas en desaparecer. El padre de Kathryn, quien la ayudó en su descubrimiento, había descubierto seis supernovas con anterioridad. Y un amigo de la familia, David Lane, que fotografió la imagen, había encontrado tres. Kathryn es la persona más joven que descubre una supernova.

CAPÍTULO CUATRO

Los inventos cambian nuestro modo de vida

Algunos inventos han tenido un gran impacto en la forma en que la gente vive a diario. ¿Te imaginas cuán diferente sería tu vida sin luz eléctrica? Después que el Sol se pusiera, tus únicas fuentes de luz serían la hoguera, las velas y las lámparas de aceite.

Las lámparas de aceite antiguas usaban aceite de oliva, de ballena o de nueces como combustible. Eran apestosas, echaban mucho humo y cualquier ráfaga de viento las apagaba. En los 1700's, la gente comenzó a usar chimeneas de vidrio para proteger la llama.

En 1792, William Murdoch descubrió que los gases del carbón producían una llama estable y brillante, y, ya a mediados de los 1800's, las casas, los negocios y las luces de la calle usaban lámparas de gas. El gas no era perfecto. Podía ser tóxico si se inhalaba y podía explotar. Por eso los inventores siguieron buscando soluciones mejores.

Quinqué de llama caliente, de queroseno

El aire sube y se mezcla con el gas. Muchas personas usaban estos quinqués en sus casas.

Quinqué suizo de queroseno

Un botón regula la mecha y, por tanto, el tamaño de la llama.

Quinqué de queroseno tradicional

Usa presión y una malla para regular la llama. Muchas personas todavía usan estas lámparas en tiempo de huracanes.

Edison necesitaba un filamento que ardiera durante un periodo largo de tiempo. ¡Él y sus colaboradores hicieron 3,000 ensayos!!

Thomas Edison se unió a la causa en 1878. Su plan era crear un **filamento** en un tubo de vidrio al **vacío**. Edison hacía sus propios tubos. Su primera luz **incandescente**, creada en enero de 1879, funcionó, pero su filamento se quemó después de unas pocas horas.

La lámpara incandescente de Edison funcionaba calentando un filamento de carbono tanto que terminaba brillando. Su brillo era estable y luminoso y era mucho más segura que la luz de gas, a la que reemplazó.

El bombillo incandescente tradicional se calienta y se funde más rápido que otros más modernos.

La palabra incandescente significa "que brilla".

CFLs son bombillos que protegen el medio ambiente.

Al mismo tiempo, Sir Joseph Wilson Swan, un inventor británico, inventó una lámpara eléctrica de filamento incandescente. Edison y Swan comenzaron a trabajar juntos. En 1880, crearon bombillos que podían alumbrar durante mucho tiempo.

Por años, las luces incandescentes alumbraron las casas en todo el mundo. Hoy día, en que buscamos formas de reducir el gasto de energía, los norteamericanos están comprando más luces Fluorescentes Compactas (CFLs). Las CFLs gastan mucha menos energía que los bombillos incandescentes y duran mucho más.

La televisión ha tenido un gran impacto en la vida de las personas. En 1926, John Baird inventó el televisor, un aparato que podía escanear y transmitir imágenes en movimiento. En 1927, Philo Farnsworth **transmitió** una imagen televisiva de un signo de dólar hecho de 60 líneas horizontales. Los Estados Unidos comenzaron a transmitir imágenes a color en 1951. La primera estación de televisión por satélite comenzó a funcionar en 1989.

Muchos norteamericanos no tenían televisores en los años 1950. Era usual ver a amigos y familias juntarse en las casas de los que tenían televisores para ver sus programas favoritos.

Alexander Graham Bell

Los teléfonos de hoy no tienen el disco giratorio. Antes, metías tu dedo en el círculo correspondiente al número y rotabas el disco. Hoy presionamos botones.

Alexander Graham Bell inventó el primer teléfono funcional en 1876. Las primeras palabras que dijo en el invento fueron dirigidas a su asistente, Thomas Watson. Bell estaba trabajando en su invento cuando derramó unas sustancias químicas en su ropa. Usó su invento para llamar a Watson, que estaba en otra habitación, para que viniera a ayudarlo.

En 1973, el Dr. Martin Cooper, de Motorola, efectuó la primera llamada con un teléfono móvil usando un aparato del tamaño de un ladrillo. Él llamó a su rival, el jefe de investigaciones de los laboratorios Bell. Contando esta historia 37 años después, Cooper recuerda que se metió tanto en la conversación que se bajó de la acera y por poco es atropellado por un taxi de Nueva York.

Los primeros teléfonos celulares eran grandes y difíciles de llevar. Los de hoy en día caben en bolsillos pequeños.

Muchas personas prefieren mandarse mensajes de texto que hablarse.

Neil Papworth mandó el primer mensaje de texto en 1992. Papworth usó un teclado de computadora para escribir su mensaje, Feliz Navidad, y lo mandó a un amigo que estaba en una fiesta de Navidad. A los pocos años, las compañías de teléfonos celulares hicieron aparatos que podían mandar mensajes de texto.

CAPÍTULO CINCO

La era de la computadora

Bill Gates, 2007

Tan recientemente como en 1970 no podías encontrar computadoras en las casas. Las primeras computadoras eran del tamaño de un cuarto pequeño y solo podían comprarlas las grandes **corporaciones** y los gobiernos.

Bill Gates creía que todo puesto de trabajo en una oficina, y toda casa, debía tener una computadora. Gates y Paul Allen, fundaron la compañia Microsoft para alcanzar su objetivo. En 1980, IBM Corporation le pidió a Gates y a Allen que escribieran un sofware para las computadoras personales que estaban desarrollando.

Steve Jobs, 2007

Al mismo tiempo, Steve Jobs y Steve Wozniak formaron Apple Computer Company. Ellos construían computadoras personales que usaban una pantalla de TV para mostrar el texto, algo que no tenía ninguna otra computadora.

Steve Wozniak, 2005

CRONOLOGÍA DE LA COMPUTADORA

 1946 ENIAC
La primera computadora electrónica pesaba más de 60,000 libras (27,000 kilogramos).

Eniac

 1951 UNIVAC
UNIVAC fue la primera computadora construida para la venta. El gobierno de EE. UU. la usó para organizar información del censo de 1950.

 1959 PDP-1
La primera microcomputadora se vendió por $120,000.

Univac 1

 1965 PDP-8
La primera en usar un **circuito integrado** se vendió por $20,000.
Era lo suficientemente pequeña como para caber en un puesto de trabajo, lo que la hizo popular en los laboratorios científicos.

 1971
Los microprocesadores hicieron posible construir computadoras mucho más pequeñas.

Vint Cerf

Bob Kahn

 1973

Vint Cerf y Bob Kahn comenzaron a diseñar la internet, un sistema para comunicar a las computadoras entre ellas.

Apple Lisa

 1975 Altair 8800

La primera computadora personal producida en masa, Altair, fue vendida inicialmente como un kit por $395.00. El usuario debía ensamblarla antes de poder usarla.

 1975

Bill Gates y Paul Allen fundan Microsoft.

 1981

La primera computadora portátil Osborne 1, se vendió por $1,795. Era del tamaño de una máquina de coser pequeña y pesaba 24 libras (11 kilogramos).
No usaba baterías, había que conectarla a la corriente.

1983

La Apple Lisa fue la primera computadora que usó GUI (Interfaz gráfica de usuario), esto hizo mucho más fácil que personas fuera de la comunidad científica pudieran usar y entender las computadoras. Incluía un ratón y menúes para bajar información, así como la habilidad de copiar y pegar. Se vendió por $9,995.00.

Macintosh portátil

  1989

Apple Computer sacó la Macintosh portátil, el laptop que después se convirtió en el Powerbook.

Osborne 1

Las computadoras continuaron evolucionando. Hoy las usamos para jugar, investigar, comprar, pagar las cuentas y conectarnos con amigos de todo el mundo mediante un par de toques en el teclado o en la pantalla de contacto.

Esta computadora NEXT usada por Tim Berners-Lee en CERN fue el primer servidor Web.

 1989
Tim Berners-Lee inventa la Red Informática Mundial que permite a los científicas compartir sus trabajos.

 1990
Berners-Lee pone la Red Informática Mundial a servicio del público a través de la internet.

CAPÍTULO SEIS

Pensar creativamente origina ideas nuevas

No todos los inventos son tan significativos como la computadora o el bombillo eléctrico, pero también hacen nuestras vidas más fáciles o divertidas. Probablemente nunca habías pensado en un sándwish como un invento, pero lo es. Un día, en 1762, John Montagu estaba jugando cartas cuando sintió hambre. No quería dejar de jugar, así que le dijo a su sirviente que pusiera un pedazo de carne entre dos tapas de pan y se lo comió mientras jugaba. Lo llamamos sándwich por el título de John: el cuarto Conde de Sandwich.

John Montagu

En 1904, en la Feria Mundial de St. Louis,
Missouri, Arnold Fornachou estaba vendiendo
helados. Se le acabaron las copas, pero en el
estanquillo de al lado estaban vendiendo waffles.
Él enrolló un waffle para sostener su helado e
inventó el barquillo de waffle.

A veces, los descubrimientos son accidentales. Durante la Segunda Guerra Mundial, los científicos británicos descubrieron el magnetrón, un tubo que producía ondas cortas de radio, llamadas microondas. Una compañía norteamericana llamada Raytheon encontró una manera de producir el magnetrón en masa. Los británicos comenzaron a usar magnetrones en sus sistemas de radares de barco para detectar aviones de guerra nazis que venían a bombardear desde Alemania.

La tecnología del radar permite a los pilotos volar aviones y a los capitanes de barco navegar por el océano .

El magnetrón ayudó a las fuerzas aliadas a derrotar a los nazis en la Segunda Guerra Mundial.

Los padres muy ocupados adoran los microondas porque cocinan los alimentos rápidamente para sus hijos.

Unos años después, en 1945, Percy Spencer estaba parado al lado de un magnetrón cuando notó que la barra de chocolate que tenía en el bolsillo comenzó a derretirse. Spencer, un ingeniero de Raytheon, colocó algunos granos de maíz de palomita frente al tubo y estos empezaron a explotar. Después, puso un huevo crudo, que explotó cuando la yema se calentó primero que la clara. Spencer había descubierto que la energía de las señales de radio podía cocinar alimentos, así nació la industria de los microondas.

A veces es un proceso difícil

No siempre es fácil tomar una idea y convertirla en un invento exitoso. A veces los inventores se quedan sin dinero antes de terminar de desarrollar sus ideas. Otros intentan ideas diferentes sin éxito. A veces dos o más personas trabajan en un invento al mismo tiempo. Cada uno quiere terminar primero y patentar su invento.

Las mujeres inventoras enfrentaron la **discriminación** de los hombres. Antes de 1809, las mujeres no podían ni siquiera registrarse para obtener una patente. Los afroamericanos también enfrentaron obstáculos. Muchos no recibían educación y eran autodidactas. Sin embargo, muchos tuvieron éxito.

Mary Kies se convirtió en la primera mujer en recibir una patente de EE. UU., por su método de tejer paja con seda.

¿Qué es una patente?

• Una patente de Estados Unidos concede derechos de propiedad sobre el invento. Eso significa que la invención pertenece al inventor y nadie más puede hacer, usar o vender el invento en los Estados Unidos, sin su permiso. Tampoco nadie puede traer la invención a los Estados Unidos desde otro país.

• A veces la gente mejora invenciones existentes. Puede presentar una patente con su diseño mejorado, pero si el producto original está todavía bajo patente, entonces debe obtener el permiso del titular de la patente original.

En los Estados Unidos, la mayoría de las nuevas patentes protegen el producto durante 14 o 20 años, dependiendo del tipo de invención. Una vez que expira la patente, cualquiera puede hacer, usar o vender el producto sin el permiso del titular de la patente.

Concepto • Invento • Innovación

PROCESO DE PATENTE

Presentación de la patente

Evaluación

Generar el estimado por escrito

Solicitud de estimado

Fondos depositados en la cuenta de registro del cliente

Empresa completa el Proyecto Solicitud de Patente

Cliente aprueba el borrador

La patente se presenta a la Oficina de Marcas y Patentes de los Estados Unidos

Sarah Goode era una mujer emprendedora. Goode era dueña de una tienda de muebles en Chicago, Illinois. Ella notó que las personas que vivían en apartamentos tenían poco espacio para los muebles, e inventó un escritorio que se transformaba en cama. Lo llamó la Cama-gabinete. Cuando se cerraba, servía de escritorio. Cuando llegaba la hora de dormir, el dueño podía abrirlo y convertirlo en cama. Goode, que había nacido esclava en 1850, fue la primera mujer afroamericana en recibir una patente.

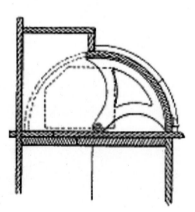

¿Puedes pensar en un invento que ahorre espacio como la cama-gabinete de Sarah Goode?

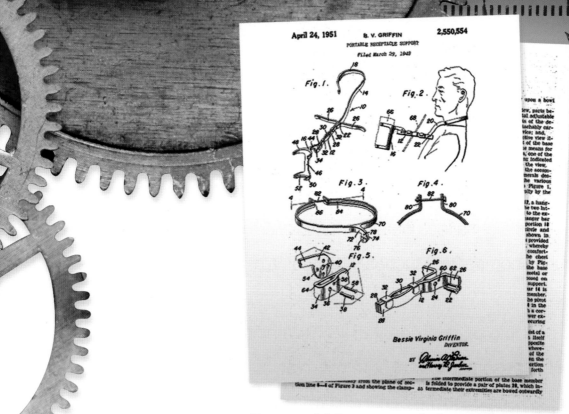

April 24, 1951   B. V. GRIFFIN   2,550,554

PORTABLE RECEPTACLE SUPPORT

Filed March 29, 1949

Fig. 1.   Fig. 2.

Fig. 3.   Fig. 4.

Fig. 5.   Fig. 6.

Bessie Virginia Griffin
INVENTOR.

Esquemas del Soporte receptáculo portátil

Bessie Blount Griffin, nacida en 1914, era una fisioterapeuta, inventora y científica forense. Durante la Segunda Guerra Mundial, Griffin atendió a los soldados heridos. Muchos de ellos tenían heridas que no los dejaban alimentarse por sí mismos.

En 1951, Griffin inventó una aparato de alimentación electrónico. La comida iba hasta las bocas de los pacientes por un tubo y el paciente podía controlar la cantidad de comida mordiendo el tubo.

Griffin también inventó un aparato que los pacientes podían llevar alrededor de sus cuellos que podía sostener comida, bebida u objetos pequeños. Ella lo llamó Soporte receptáculo portátil y recibió una patente de los Estados Unidos. Ambos inventos de Griffin ayudaron a las personas heridas a recobrar su independencia.

CAPÍTULO SIETE

¿Qué puedes inventar?

¿Tienes alguna idea de algo que pudiera ser un invento? Estarías en buena compañía. Muchos inventos útiles han sido inventados por niños.

Al principio de la década de 1970, la niña de 10 años Becky Schroeder esperaba en el auto mientras su madre terminaba las compras. Becky quería hacer su tarea de matemáticas, pero se estaba haciendo de noche y no podía ver. Se dio cuenta de que si hubiera tenido un papel que brillara podría ver la tarea, entonces decidió inventar un papel que se iluminara.

Ella pensó en los discos voladores que brillan en la oscuridad y aprendió que la pintura fosforescente los hace brillar. Becky pensó en poner pintura fosforescente en el papel y pintó un paquete de hojas. ¡Y funcionó! El papel brillaba en la oscuridad.

Luego Becky se dio cuenta de que la que tenía que brillar era la tablilla donde apoyaba el papel. Ella pintó su tablilla con pintura fosforescente y, no hay que decirlo, era lo suficientemente brillante como para iluminar a través de una hoja de papel. Becky continuó mejorando su tablilla que brilla en la oscuridad y le añadió baterías para producir un brillo estable.

Los artistas experimentan con nuevas tecnologías para asombrar e inspirar a la audiencia.

El New York Times escribió un artículo sobre el invento de Becky y la gente comenzó a comprarlo. Los paramédicos las usan en las ambulancias, los fotógrafos las usan para escribir cosas cuando están en los cuartos oscuros revelando fotos. Los doctores las usan en la noche en sus rondas para no molestar a los pacientes encendiendo la luz. Hasta la NASA y la Marina de EE. UU. se interesaron en el invento de Becky.

Gracias a Louis Braille, millones de personas con problemas de visión pueden leer y escribir.

Louis Braille sufrió un accidente y perdió la vista a los tres años de edad. En 1824, a los 15 años, Louis era un estudiante del Instituto Real para Jóvenes Ciegos de París, Francia. Louis quería ser capaz de leer y escribir, así que inventó un sistema de puntos en papel impreso. Su sistema, llamado Braille, todavía se usa.

Siempre hay nuevas ideas en nuestro horizonte. Los ingenieros han desarrollado un aparato de plástico lleno de agua y explosivos parecido a una pistola de agua grande que genera una cuchilla de agua fina que puede cortar las paredes metálicas de una bomba. En áreas de guerra, los soldados pueden usarla para desactivar o destruir bombas antes que maten a soldados o a la población civil.

Los inventos pueden convertir el mundo en un lugar más seguro o enseñarnos a ahorrar electricidad. Los podemos usar para resolver problemas en nuestra vida o para divertirnos más. ¿Quieres simplificar algún trabajo? ¡Quizás puedas ser el próximo gran inventor!

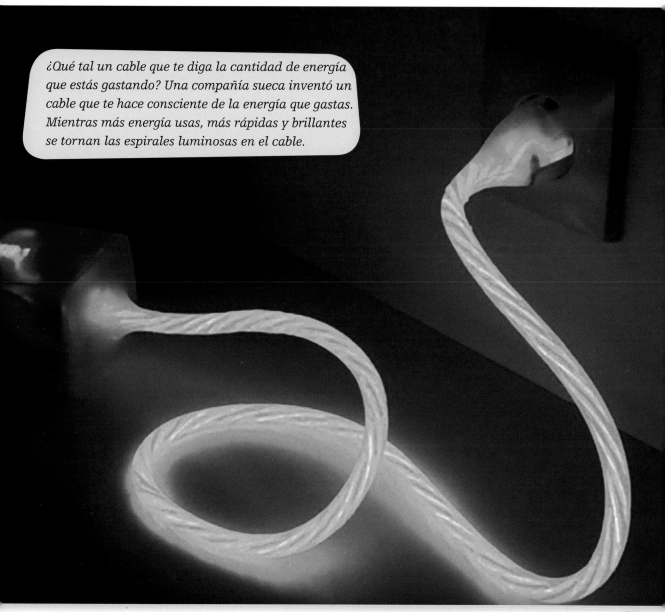

¿Qué tal un cable que te diga la cantidad de energía que estás gastando? Una compañía sueca inventó un cable que te hace consciente de la energía que gastas. Mientras más energía usas, más rápidas y brillantes se tornan las espirales luminosas en el cable.

Glosario

corporaciones: compañías dirigidas por grupos de personas

circuito integrado: conjunto de partes electrónicas impresas en un chip pequeño

discriminación: tratamiento injusto por diferencia de edad, sexo o raza

eje: viga sobre la que gira una rueda

elípticas: formas ovaladas

filamento: hebra fina de tungsteno que brilla por largo tiempo

fricción: calor generado por frotamiento

incandescente: que brilla mucho y desprende calor

innovación: invento nuevo o nueva forma de usar un invento que existe

masa: cantidad de materia en un objeto

pedernal: piedra dura que produce chispas al ser golpeada con acero

pirita: mineral que produce chispas cuando es golpeado con otro metal o mineral

prender: iniciar fuego

producción masiva: hacer cantidades grandes de algo en una cadena de montaje

telescopio de reflexión: telescopio que usa un solo espejo o combinación de espejos

telescopio de refracción: telescopio que usa una lente para enfocar imágenes distantes

transmitido: enviado

vacío: área u objeto sellado que no tiene aire o gas en su interior

Índice

Sitios de la internet

www.inventors.about.com/od/astartinventions/a/FamousInvention.htm

www.nasm.si.edu/wrightbrothers/

www.inventored.org/k-12/

www.women-inventors.com/

www.thocp.net/

Sobre la autora Jeanne Sturm creció explorando el bosque, las cascadas y las riberas de los ríos de los alrededores de su casa en Chagrin Falls, Ohio. Ella obtuvo su diploma en educación en Bowling Green State University y se mudó a Tampa, Florida, para enseñar. Cuando comenzó a practicar windsurf, conoció a su futuro esposo. Ahora, casados, Jeanne, su esposo y sus tres hijos viven en Land O' Lakes, Florida, con su perro, Astro.